Evolución, impacto y resistencia de Software Libre en el contexto tecnológico del siglo XXI

Damir-Nester Saedeq

Bibliographic information published by the German National Library:

The German National Library lists this publication in the National Bibliography; detailed bibliographic data are available on the Internet at http://dnb.dnb.de.

ISBN: 9783963553929
This book is also available as an ebook.

Print and binding: Books on Demand GmbH, Norderstedt, Germany
Printed on acid-free paper from responsible sources.

The present work has been carefully prepared. Nevertheless, authors and publishers do not incur liability for the correctness of information, notes, links and advice as well as any printing errors.

GRIN web shop: https://www.grin.com/document/1446478

Título: Software Libre: Evolución, Impacto y Resistencia en el Contexto Tecnológico del Siglo XXI

Title: Free Software: Evolution, Impact and Resistance in the Technological Context of the 21st Century

Autor: Damir-Nester Yexiam Saedeq

RESUMEN:

El presente ensayo académico aborda el tema del software libre, su evolución y su impacto en la sociedad y la tecnología, presentando argumentos a favor de su adopción y como opción para los países pobres, ya que es de propiedad social y se distribuye de forma gratuita o a bajo costo para todos los interesados. Se describe el surgimiento del software libre como una estrategia de resistencia al software propietario y su impacto en la industria del software comercial. Se discute la creación colaborativa de programas informáticos, los orígenes del software libre y el surgimiento de intereses comerciales. Especial énfasis recibe la evolución del referido tipo de software y su situación en América Latina, así como en la creación colaborativa de programas informáticos.

Palabras clave: Software libre, América Latina, creación colaborativa, software propietario, propiedad social, distribución gratuita, código fuente, evolución del software libre.

ABSTRACT:

This academic essay addresses the topic of free software, its evolution and its impact on society and technology, presenting arguments in favor of its adoption and as an option for poor countries, since it is socially owned and distributed free of charge. or at low cost for all interested parties. The emergence of free software as a strategy of resistance to proprietary software and its impact on the commercial software industry is described. The collaborative creation of computer programs, the origins of free software and the emergence of commercial interests are discussed. Special emphasis is placed on the evolution of the aforementioned type of software and its situation in Latin America, as well as on the collaborative creation of computer programs.

Keywords: Free software, Latin America, collaborative creation, proprietary software, social property, free distribution, source code, evolution of free software.

Índice (Index):

Tabla de contenido

INTRODUCCIÓN:

Una hipotética historia puede ilustrar posibles decisiones actuales

La temperatura descendía en igual medida en que avanzaba la tarde, mientras que allí; en aquel viejo hangar abandonado de la apartada estación de trenes de su localidad, se daba cita un grupo de amigos apasionados por la tecnología. Este lugar, impregnado de un aura de misterio y nostalgia, se había convertido en el escenario perfecto para discutir y tomar decisiones trascendentales sobre su nuevo emprendimiento: un cibercafé. Entre piezas de madera torneada de arcaico diseño y restos de maquinaria obsoleta, estos amigos debatían acaloradamente sobre los sistemas operativos y las aplicaciones que ofrecerían en su cibercafé.

Ellos deciden adoptar exclusivamente software libre en las computadoras disponibles para el público y en sus propios servidores, lo cual solo ocurre después de horas de intensa reflexión. Esta elección no solo refleja su compromiso con la ética y los principios del software libre, sino que también les brinda la oportunidad de ofrecer a sus clientes un entorno tecnológico abierto, transparente y colaborativo.

Imagen No. 1: Alternativas de software libre y disponibilidad de su código fuente. Piedra angular de cualquier decisión en su favor.

Nota del editor:

Esta ilustración ha sido retirada por motivos de copyright.

Collage de imágenes con licencia Creative Commons 0 (CC0). Obtenidas en http://Pixabay.com

Inspirados por la evolución del software libre, desde sus inicios en la producción compartida de programas informáticos hasta su surgimiento como una estrategia de resistencia al software propietario, estos amigos toman una decisión fundamentada en la filosofía del software libre. La elección les permite crear un espacio donde la innovación, la creatividad y el acceso equitativo a la tecnología son los pilares fundamentales, todo gracias a la elección de utilizar exclusivamente software libre.

Podría ser considerado utópico tal proceder del grupo de amigos al elegir exclusivamente software libre para su cibercafé, dado el contexto actual donde el software propietario tiene una presencia dominante en el mercado. Sin embargo, esta decisión está fundamentada en los principios del software libre, que promueven la libertad de ejecutar, estudiar, redistribuir y mejorar el software. Aunque enfrentarán desafíos, como la adaptación de los usuarios a nuevas aplicaciones y la resistencia de algunos funcionarios, su elección refleja un compromiso con la transparencia, la colaboración y el acceso equitativo a la tecnología. Esta narrativa muestra cómo la evolución del software libre, desde sus inicios en la producción compartida de programas informáticos hasta el surgimiento como una estrategia de resistencia al software propietario, puede inspirar decisiones con un fuerte componente ético y social.

Enfrentarán varios retos en el esfuerzo por hacer fructificar su emprendimiento. Uno de los principales desafíos será la adaptación de los usuarios a nuevas aplicaciones y sistemas operativos, ya que muchos de ellos están acostumbrados al software propietario. Además, podrían enfrentar resistencia de algunos funcionarios y empresas que prefieren el software propietario y no están dispuestos a cambiar. Otro reto será la capacitación constante del personal para mantenerse actualizados en las últimas versiones de software libre y poder brindar un servicio de calidad a los clientes.

Más tales retos no son insuperables y el grupo de amigos está comprometido con su elección de utilizar exclusivamente software libre. Además, esta decisión les brinda la oportunidad de ofrecer a sus clientes un entorno tecnológico abierto, transparente y colaborativo, lo que podría atraer a un público interesado en la innovación y la creatividad. Asimismo, el uso de software libre les permitirá generar ganancias a bajo costo y tener la posibilidad de reparar errores y escalar versiones, lo que pudiera convertirse en una ventaja competitiva de cara al convulso mercado actual. En resumen, aunque enfrentarán desafíos, la elección del grupo de amigos refleja un compromiso con la ética y los principios del software libre, y podría ser una apuesta exitosa en el mundo empresarial.

Pretensiones temáticas y conceptuales del presente ensayo

El autor del presente trabajo abordar el tema del software libre y su evolución, desde sus inicios en la producción compartida de programas informáticos hasta su surgimiento como una estrategia de resistencia al software propietario. En el texto se hace referencia a la situación del software libre en América Latina y a los retos que el mismo enfrenta en el mundo empresarial. En general se busca informar y reflexionar sobre el referido tipo de software y su impacto en la sociedad y la tecnología actuales.

DESARROLLO:

Creación colaborativa y conjunta de programas informáticos. Las primeras formas y orígenes del software libre.

Durante el período correspondiente a las décadas de 1950, 1960 y principios de los años setenta, casi toda la generación de nuevo software a nivel global era responsabilidad de algunas comunidades de desarrollo cooperativo. Estos núcleos estaban constituidos por académicos e investigadores corporativos que trabajaron colaborando entre sí, sin gran cosa de cooperación externa. El software resultante de dicha colaboración se consideraba un elemento cuya propiedad o medio de distribución no debería estar estrictamente restringido. (Lazalde Garcia et al., 2011, p.2)

En la década de 1960 (siglo pasado), varias instituciones desarrollaron diferentes sistemas operativos. Las entidades responsables de este desarrollo fueron principalmente universidades e instituciones de investigación ubicadas en los Estados Unidos; como Berkeley y el Instituto Tecnológico de Massachusetts (MIT), así como diversos centros de investigación privados; por ejemplo, AT&T Bell Laboratories. En este contexto, compartir el software disponible se consideraba algo "natural" e incluso facilitaba el intercambio de formatos de código directamente legible por seres humanos (código fuente). Todo esto generó importantes avances en el desarrollo de sistemas operativos ejecutables en diferentes plataformas. En 1969, UNIX era uno de los sistemas operativos más conocidos desarrollado internamente en AT&T y fue concebido teniendo en mente el acceso a su código fuente. (Mochi Aleman, 2007, p.78-79).

A propósito del tema en cuestión, Richard Stallman comenta que: al iniciar su trabajo en el MIT, en 1971; pasó a formar parte de una comunidad que compartía software el cual "...había existido por muchos años", a lo largo de su estancia en el citado instituto, el autor logró percatarse de que "...el compartir software no se limitaba a nuestra comunidad en particular; es tan antiguo como las computadoras, del mismo modo que compartir recetas de cocina es tan antiguo como cocinar". (Hackem Research Group, 2011)

A lo largo de este período, los sistemas operativos se distribuían y mantenían por parte de comunidades o grupos de usuarios, como era el caso del sistema operativo "SHARE" empleado en máquinas del tipo IBM 701 y sistemas operativos que eran propiedad de empresas que principalmente comercializaban equipos digitales. El código fuente se distribuía con el software a medida que los usuarios lo modificaban para corregir errores o agregar nuevas funciones. (Acuña Rodríguez, Bernal Guerrero, Fernández Heras, Fernández Rabadán, Hernando García, y Ruiz Gálvez, s.f., p. 27)

Afirmaciones de semejante naturaleza se encuentran en los textos de Stallman, quien comenta: "… no llamábamos software libre a nuestro software porque este término todavía no existía; pero eso es lo que era. En cualquier ocasión que personas de otra universidad o de una empresa quisieran portar y usar un programa, les dejábamos con gusto. Si veía a alguien usar un programa que no era familiar aunque sí interesante, siempre podía ver el código fuente, para que pudiera leerlo, modificarlo, o tomar partes del mismo para hacer un nuevo programa". (Hackem Research Group, 2011)

En ese momento, el software en sí (en modo independiente) aún no era un producto vendible, pero los equipos de cómputo de la época experimentaban un aumento en el precio de su hardware por la añadidura del costo del software que se incluía al conjunto o sistema.

Un requisito previo para la aparición del software propietario. Florecimiento de los intereses comerciales.

La que se ha venido refiriendo emprendió su camino en dirección al cambio a finales de los años 1960 (siglo XX) con el perfeccionamiento de los sistemas operativos, lo cual fue posible por el nivel de madurez que habían alcanzado y los lenguajes de programación confiables de la época; El resultado es un software más avanzado, con excelente madurez y calidad, aunque cabe señalar que esto conlleva mayores costes para las empresas encargadas de producirlo. (Usa Software Libre, 2013)

La naciente, pero creciente industria del software, competía con los programas incluidos en el hardware de los fabricantes; Entre otras cosas, la creciente confiabilidad de los primeros significa que algunos usuarios ya no están dispuestos a pagar por los programas que vienen con sus computadoras. ya sea porque otros programas se adaptan mejor a sus necesidades o porque prefieren un software distinto al impuesto por el fabricante. (Mediateca Rimed, 1999, p.1)

Esta situación provocó un fuerte aumento del valor añadido (o agregado) que podían aportar los programas informáticos y, bajo su influencia, el hardware comenzó a abaratarse en un contexto del surgimiento de negocios basados en el comercio de software. Conscientes de esta situación, los fabricantes de software y vendedores de ordenadores decidieron proteger sus inversiones e imponer restricciones legales a la creación de nuevo software. Estos ardides mercantiles se materializan en diversas formas, tales como: derechos de autor, arrendamientos y marcas comerciales que, con el tiempo, han ido adquiriendo renombre y preponderancia (en algunos casos).

En la década de 1970, AT&T distribuyó las primeras versiones del sistema operativo UNIX a investigadores gubernamentales y académicos de forma gratuita, pero no permitió la distribución ni la difusión de versiones modificadas. La propia corporación comenzó a hacer cumplir sus licencias limitadas en 1979 cuando decidió que ganaría dinero vendiendo UNIX. (Mediateca Rimed, 1999, p.5)

A finales de los años 1970 y principios de los 1980, los fabricantes de computadoras y las empresas de software comenzaron a cobrar regularmente las licencias de software, vendiéndolas como "productos informáticos". Este modelo emergente de "privatización" y "comercialización" se caracteriza por vender productos totalmente desprovistos de su código fuente. La no entrega y ocultamiento de este "lenguaje" ayuda a disfrazar las técnicas de programación utilizadas, así como a reutilizar los segmentos necesarios para crear nuevas versiones del mismo producto, generando ganancias extraordinarias, suficientes para mantener un monopolio que aún hoy existe. (García Estévez, 2018)

En 1981, Symbolics había sujeto bajo vínculo contractual a casi todos los programadores del Laboratorio de Inteligencia Artificial del MIT y el conjunto cada vez menor de especialistas aún disponibles ya no podía mantenerse a sí mismo. Otras comunidades fracasaron por la falta de una arquitectura informática que dispusiera de un sistema operativo no sujeto a restricciones de licencia y que hiciera posible continuar con el trabajo de desarrollo. (Revista mundo Linux, 2012, p.3)

Las restricciones antes citadas causaron rechazo en muchos de los antiguos miembros de estas comunidades cooperativas, el propio Stallman plantea la situación antes descrita en los siguientes términos: "…se prohibía la existencia de una comunidad cooperativa. La regla hecha por los dueños de software privativo era: «si comparte con su prójimo, es un pirata. Si usted desea algún cambio, ruéguenos para que lo hagamos»". "…La elección fácil era unirme al mundo del software privativo, firmando acuerdos de no revelación, y prometiendo que no iría en ayuda de mi compañero…". "Es muy probable que programara software que se entregaría bajo acuerdos de no revelación; incrementando, de esa manera, las presiones sobre otras personas para que traicionen a sus compañeros". "Podría haber hecho dinero de esta manera, y tal vez me hubiese entretenido escribiendo código. Pero sabía que al final de mi carrera miraría hacia los años en los que construí muros para dividir a la gente; y sentiría que usé mi vida para hacer del mundo un lugar peor". (Hackem Research Group, 2011)

El movimiento de software libre como estrategia de enfrentamiento. Alternativas al software propietario.

Surgió y cobró forma inspirado en la decisión de no suscribirse al modelo de privatización del software y de buscar a alternativas que pudieran socializar aún más este importante recurso; así fue como el movimiento del software libre comenzó a surgir como una estrategia para protestar contra la política de venta de software de AT&T, lo cual incluye al UNIX y al acceso académico restringido a su código fuente, al exigir derechos de propiedad intelectual sobre el sistema operativo. (Robert, s.f., p.3). (Mochi Aleman, 2007, p.81-87)

Desde el principio, este movimiento estuvo reñido con la emergente comercialización de software genérico. Esta visión fue reafirmada en el Manifiesto GNU de 1985 y en el desarrollo posterior de la Licencia Pública General (GNU-GPL) y la Fundación para el Software Libre (FSF o Free Software Foundation). (Montes de Oca Montano & Roque Gutiérrez, 2013)

El Proyecto GNU considera como principio fundamental, y contrario al modelo de derechos de propiedad, que la propiedad intelectual no es un "derecho natural", sino un monopolio artificial que limita el derecho natural de los usuarios a copiar y se impone de manera abusiva e irrespetuosa. Términos del gobierno de EE. UU. Así, con el contenido anterior, el proyecto se propone construir un sistema operativo completamente "libre". Para proteger el trabajo para beneficio personal, en 1989 se lanzó la primera versión de uno de los mayores logros de la FSF: la GPL. (Stallman, 2006, p.17)

Las cuatro libertades imprescindibles de Stallman

En opinión de Richard Stallman, el software libre es una cuestión de libertad, no de precio. Para comprender este concepto, es necesario considerar el significado de libertad en el sentido de "libertad de expresión". Según el autor en cuestión, el software libre garantiza a los usuarios la libertad de ejecutar, copiar, distribuir, estudiar, cambiar y mejorar el software. Esto hace alusión directa a las cuatro libertades fundamentales del software libre:

- Libertad 0: la libertad para ejecutar el programa para cualquier propósito.
- Libertad 1: la libertad para estudiar el funcionamiento del programa y adaptarlo a las necesidades del usuario, el acceso al código fuente es condición indispensable para esto.
- Libertad 2: la libertad para redistribuir copias del software, y que el público se beneficie de ellas.
- Libertad 3: la libertad para mejorar el programa y luego publicarlo para el bien de toda la comunidad, el acceso al código fuente es condición indispensable para esto. (Adell & Bernabé, s. f.)

Copyleft y derechos de autor. Protección legal del software libre

Con el principal objetivo de asegurarse de que los conocimientos y recursos programáticos presentes en el software mantuvieran una circulación libre, así como asegurar el derecho de pública contribución a su mejora, Stallman enuncia el concepto de "copyleft". Esta expresión fue creada para invertir el tradicional efecto del copyright y así cultivar algo nuevo en el terreno de la "insospechada flexibilidad" de la jurisdicción anglosajona de dicho copyright.

Este efecto resulta posible debido a que la arquitectura jurídica siempre reconoce la capacidad del autor de elegir libremente la forma de difusión y uso de su obra. Por lo tanto, el autor tiene el derecho de utilizar su obra con una condición: que nadie limite o cancele estos derechos de libre uso, porque si alguien elimina o agrega nuevas condiciones que limiten en cierta medida su disponibilidad, violaría la licencia y perdería el derecho a utilizar el software. (Stallman, 2006, p.12)

Es factible asegurar que la GPL representa a su vez el seguro jurídico del concepto copyleft, a este respecto el propio Stallman refiere: "Copyleft utiliza la ley de copyright, pero dándole la vuelta para servir a un propósito opuesto al habitual: en lugar de privatizar el software, ayuda a preservarlo como software libre". (Stallman, 2006, p.20)

Origen del GNU/Linux

El desarrollo de software libre en la FSF estuvo limitado por los programadores profesionales, quienes a principios de los años 1990 habían desarrollado casi todas las partes necesarias para utilizar sus sistemas operativos, a excepción del núcleo o kernel del sistema. (Luciana Mónica, 2010, p.5)

La referida situación empezó a hacerse más clara cuando, en 1991, Linus Torvalds, un estudiante de la Universidad de Helsinki, decidió desarrollar un nuevo sistema operativo basado en Unix, inspirado en MINIX por el profesor Andrew Tannenbaum de la Vrije Universiteit Amsterdam. En octubre de 1991, Linus envió un mensaje al foro de discusión en línea comp.os.minix en el que anunció que el código de su nuevo sistema operativo, llamado Linux; Disponible y requiere ayuda de otros programadores para desarrollarse. Así logró reunir un equipo de expertos interesados en el proyecto. (Rodríguez Díaz, 1999, p. 29, 32)

El autor del presente ensayo académico, considera importante aclarar que Torvalds lanzó por primera vez el kernel de Linux, bajo una especie de licencia de código compartido lo cual le aportaba restricciones de cara a cualquier actividad comercial. En 1992, propuso cambiar a GNU/GPL. El cambio se anunció en las notas de la versión 0.12 y, a mediados de diciembre de 1992, se lanzó la versión 0.99 utilizando GNU/GPL. (Mochi Aleman, 2007, p. 79)

Lo cierto es que el software libre no es un fenómeno nuevo porque existe casi desde el surgimiento mismo de las computadoras, y su uso sigue siendo tan popular que la conectividad a Internet se está extendiendo a más y más usuarios. Fue el entorno de inter-funcionamiento y colaboración a través de la red lo que creó la formulación de la cual surgió el sistema operativo Linux. Con respecto a este particular, Dirk

Hohendel, presidente de Intel, señaló tres factores de éxito: la aparición de los chips 80386 que proporcionaron suficiente potencia; la llegada de Internet, que facilitó la colaboración necesaria para construir Linux; y la cadena de herramientas GNU (Free Software Foundation's Non-UNIX Software), sin la cual Linux no habría podido superarla (Kerner, 2006).

La modernidad también radica en el surgimiento de un marco tecnológico diferente, que surge de negar la propiedad del código fuente y definir una forma diferente de desarrollar software. Este marco se caracteriza por la incorporación de un enfoque de desarrollo "no estructurado" o "modelo bazar" o "bazar de babel". (Raymond, 2013, p.27)

La "OSI" emerge de grandes diferencias entre los Modelos Catedral y Bazar

En 1997, Eric Raymond (2013, p.17-19) publicó "La catedral y el bazar", en el referido ensayo su autor menciona dos modelos divergentes, ambos aplicables al desarrollo de software, estos son los siguientes:

- El enfoque adoptado por la FSF en la mayoría de sus proyectos, así como por los editores de software en general, es descrito por el autor como el "modelo catedral" o "métodos estructurados", debido a su similitud con la forma en que se construye una catedral.
- El contrastante modo de desarrollo empleado por Linus Torvald, quien aconseja mecanismos nada convencionales de cooperación, en los cuales resulta determinante la descentralización de las tareas; espíritu encarnado en la frase siguiente del propio Linus: "libere rápido y a menudo, delegue todo lo que pueda, sea abierto hasta el punto de la promiscuidad". Raymond contrasta este modo de hacer con el parecidísimo ambiente agitado de un bazar de babel (estilo bazar), "...colmado de individuos con propósitos y enfoques dispares...", "...de donde surgiría un sistema estable y coherente únicamente a partir de una serie de artilugios." Para el referido autor, el modo de hacer de Torvalds en materia de desarrollo de software significó un punto de inflexión con respecto a las más ortodoxas y tradicionales maneras de programar y en tal sentido generó un novísimo marco tecnológico en el ámbito de la informática, con claras repercusiones en la programación.

En opinión de Vidal (2013, p.2), incluso poniendo en práctica las citadas máximas, no en todos los casos resulta factible el "modelo bazar" ya que el mismo que sólo puede darse en un ambiente de cooperación, libertad, y teniendo acceso al código fuente. Lo anterior evidencia como el software libre pone en funcionamiento un modelo de "cooperación sin mando", "Es más, la ausencia de mando, de control corporativo o jerárquico, parece condición sine qua non: allí donde reaparece el mando sea en forma de interés propietario, sea en su variante autoritaria, el modelo se marchita, se agota y acaba por desaparecer".

La publicación de Eric Raymond llamó la atención de muchos programadores y desarrolladores de software sobre las inusuales ventajas del "método de mercado" de Torvald, en contraste con las limitaciones que el autor apreciaba en su "método de la iglesia". Este artículo recibió mucha atención a principios de 1998 y fue el catalizador para que Netscape Communications Corporation lanzara el popular paquete Internet Scape Communicator como software gratuito; Hoy este código se conoce como Firefox y Thunderbird. (Culebro Juárez & Gómez Herrera, 2013, p. 25)

Netscape provocó que Raymond y otros se dieran cuenta de la utilidad de aplicar principios de software libre en la industria del software comercial. En resumen, los desarrolladores concluyeron que el enfoque activista de la FSF no era atractivo para compañías como Netscape, por lo tanto, idearon nuevas modalidades de software libre que resaltaran el potencial comercial de compartir código fuente. El nombre nuevo elegido fue "Código Abierto" (Open Source, en inglés) y prontamente Bruce Perens, el editor Tim O´Reilly, Linus Torvald y otros aprobaron esta nueva denominación. La Open Source Initiative (Iniciativa por el Código Abierto u OSI, por sus siglas en inglés) se fundó en febrero de 1998 y llegó a dedicar grandes esfuerzos a divulgar los principios en que se basa el código abierto. (Reina, 2013, p. 32)

La OSI respalda el acceso al código fuente de los programas no por los principios de libertad de la FSF, sino por la capacidad de crear software mejor adaptado a las necesidades de los usuarios. La OSI resalta las ventajas prácticas del software de código abierto, que se basa en la exposición constante de la estructura y el funcionamiento de los programas a la comunidad, permitiendo a los usuarios participar en su mejora. La calidad del software de código abierto es superior al software privativo, según la OSI.

Según el criterio de Stallman (Hackem Research Group, 2011), algunos de los que favorecieron el término "código abierto" "...tenían como objetivo evitar la confusión de "Free" con "gratis"; una meta válida, otros, sin embargo, apuntaban a dejar de lado el espíritu de principio que había motivado el movimiento por el software libre y el Proyecto GNU", en algunos casos este abandono respondió, según manifiesta Stallman, a un intento por "...resultar atractivos a los ejecutivos y usuarios comerciales, muchos de los cuales sostienen una ideología que pone las ganancias por encima de la libertad, la comunidad y los principios. Por lo tanto, la retórica del "Código Abierto" se centra en el potencial de realización de software poderoso de alta calidad..."

Por su parte la OSI (Adell & Bernabé, s. f.), define un decálogo de requisitos a cumplir para que un programa sea considerado de código abierto. Según la versión 1.9, estas son las siguientes:

1. Libre distribución. No se puede impedir la venta o distribución del programa o parte de él. Así mismo, tampoco se puede exigir el pago de un canon o tasa a cambio de su distribución por parte de terceros.
2. Código fuente. El programa debe incluir su código fuente y no se puede restringir su distribución.
3. Trabajos derivados. No debe impedirse realizar modificaciones o trabajos derivados del programa y debe permitirse que éstos sean distribuidos bajo los mismos términos que el software original.
4. Integridad del código fuente original. Puede exigirse que una versión modificada del programa tenga un nombre y número de versión diferente que el programa original para poder proteger al autor original de la responsabilidad de estas versiones.
5. No discriminación contra personas o grupos. Las condiciones de uso del programa no pueden discriminar a una persona o un grupo de personas.
6. No discriminación contra usos. No se puede negar a ninguna persona el uso del programa para ningún fin como, por ejemplo, el comercial o el militar.
7. Distribución de la licencia. Los derechos del programa deben aplicarse a todos quienes se distribuye el programa sin ninguna condición adicional.
8. La licencia no debe ser específica de un producto. Los derechos garantizados al usuario del programa no deben depender de que el programa forme parte de una distribución o paquete particular de software.
9. La licencia no debe restringir otro software. La licencia no debe poner restricciones en otros programas que se distribuyen junto con el software licenciado.
10. La licencia debe ser tecnológicamente neutra. No puede existir ninguna disposición en la licencia que obligue el uso de una tecnología concreta.
Nota: Contenido transcrito según fuente consultada. (Adell & Bernabé, s. f.)

Sistema Operativo GNU/Linux y otras aplicaciones. Surgimiento y auge del Software Libre.

Las sociedades humanas actuales enfrentan diversos desafíos en el siglo XXI, uno de ellos es la amplia gama de medios de comunicación comercial disponibles, en el contexto de su rápido crecimiento y avance tecno-digital. El software libre es la opción para los países pobres, ya que es de propiedad social y se distribuye de forma gratuita o a bajo costo para todos los interesados. Resulta interesante, a efectos del presente ensayo académico, como varios autores emplean frases para catalogarlo tales como "... el gran movimiento tecnológico del siglo XXI" o "... el software llamado a liderar la lucha de clases en el entorno digital, para garantizar la soberanía tecnológica en América Latina". (Fábregas Pombo, 2013)

El autor del presente ensayo defiende el criterio de que, los primeros programas presentados al público, como software libre, generaron una nueva opción a muchas personas ávidas por participar en proyectos colaborativos de desarrollo, que se muestren libres de las restricciones propias del ámbito privativo.

Este software demostró su capacidad para aportar ganancias a un costo de adquisición ciertamente bajo, en paralelo con su capacidad para corregir errores y actualizar a versiones superiores del mismo programa en plazos de desarrollo muy cortos, todo esto gracias a la colaboración de una comunidad de programadores, usuarios avanzados y otros actores de dichos procesos. La industria del software comercial, al igual que otros interesados, no ignoró estas ventajas. El propio Dirk Hohndel, declaró haber conocido a Linus Torvald en la década de los 90 así como haber hecho uso de las primeras versiones de Linux. (Kerner, 2006)

Por su parte, Linux Torvalds fue ampliamente aceptado cuando su código estuvo disponible en Internet. En 1996, ya había versiones de Linux para diferentes tipos de hardware, como la Atari ST y la Macintosh. (Medina, 2013., p. 19)

Rodríguez (1999, p.29) pone de manifiesto una situación enmarcada en el año de su propia publicación. El autor observa cómo, varias entidades, como Red Hat Software y Caldera, ya suministraban sistemas operativos basados en Linux con Software de código base o núcleo de Linux. Red Hat y Caldera presentaban enfoques distintos para su mercado: Red Hat, por su parte, ofrecía sistemas de alto rendimiento con el Red Hat Package Manager, mientras que Caldera se enfocaba en adquirir clientes corporativos ofreciendo instalaciones más sencillas y soporte telefónico.

Cada vez más fabricantes se están subiendo al tren de Linux, empezando por International Business Machines (IBM), Informix y Silicon Graphics, que han estado invirtiendo para mantenerse al día con la oportunidad de negocio desde 1999. (Rodríguez, 1999., p. 29) Disponible para las mayores empresas del sector de las tecnologías de la información y la comunicación (TIC) (p. ej. Intel u Oracle, empresas que participan en la Fundación Linux). El interés por el Sistema Operativo Linux se pone de relieve en 1999, cuando Emperor Linux comienza a comercializar portátiles especialmente configurados con distribuciones modificadas de Linux para asegurar su usabilidad. Después de experimentarse un 15% de incremento en las ventas de servidores Linux que tuvo lugar en el 2001, en el mercado irrumpe Dell quien anuncia en el 2007 la comercialización de determinados modelos dotados del Linux Ubuntu, mientras en el 2008 comienza a comercializar ordenadores en Canadá y América, basados también en Ubuntu. (Menchaca, 2013)

En junio de 2008, Electronics Corporation of Texas (ELCOT), un mayorista de ordenadores para estudiantes en el estado indio de Tamil Nadu, decidió ofrecer sólo sistemas Linux después de que Microsoft intentara utilizar su posición de monopolio para vender sus sistemas a la organización. Integrado con la suite Microsoft Office. ELCOT no acepta la oferta aduciendo que "cualquier paquete de productos de ese tipo podría resultar en serio perjuicio para el consumidor". (Estepa Nieto, 2007, p.10)

CONCLUSIONES:

La compilación de hechos y criterios presentes en este ensayo académico, permiten concluir que: el software libre ha evolucionado desde sus inicios en la producción compartida de programas informáticos hasta convertirse en una estrategia de resistencia al software propietario, promoviendo la libertad de ejecutar, estudiar, redistribuir y mejorar el software. La adopción del software libre está fundamentada en principios éticos y filosóficos, promoviendo la transparencia, la colaboración y el acceso equitativo a la tecnología. A lo largo de su evolución, el software libre ha enfrentado desafíos, como la adaptación de los usuarios a nuevas aplicaciones, la resistencia de algunas empresas y la imposición de restricciones legales por parte de los fabricantes de software. El surgimiento del software libre como una estrategia de enfrentamiento al software propietario ha dado lugar a la creación de la Licencia Pública General (GNU-GPL) y la Fundación para el Software Libre (FSF), promoviendo las cuatro libertades fundamentales del software libre: ejecutar, estudiar, redistribuir y mejorar el software.

See next page for conclusions in English.

CONCLUSIONS:

The compilation of facts and criteria present in this academic essay allows us to conclude that: free software has evolved from its beginnings in the shared production of computer programs to become a strategy of resistance to proprietary software, promoting the freedom to run, study, redistribute and improve the software. The adoption of free software is based on ethical and philosophical principles, promoting transparency, collaboration and equitable access to technology. Throughout its evolution, free software has faced challenges, such as users' adaptation to new applications, resistance from some companies, and the imposition of legal restrictions by software manufacturers. The emergence of free software as a strategy to confront proprietary software has led to the creation of the General Public License (GNU-GPL) and the Free Software Foundation (FSF), promoting the four fundamental freedoms of free software: run, study, redistribute and improve the software.

Vea página anterior para las conclusiones en Español.

REFERENCIAS BIBLIOGRÁFICAS:

Acuña Rodríguez, L, Bernal Guerrero, P, & Fernández Heras, N. (s.f.). Ampliación de sistemas operativos. In FTP-Universidad de Alcalá. Recuperado a partir de ftp://www.cc.uah.es/pub/TrabajoGrupos(COMPLETO)HOY.doc, consultado 17 de julio de 2023

Adell, J., & Bernabé, L. (s. f.). Software libre en educación. Universitat Jaume I Castellón. Recuperado 2 de febrero de 2024, de https://elbonia.cent.uji.es/jordi/wp-content/uploads/docs/Software_libre_en_educacion_v2.pdf

Culebro Juárez, M, & Gómez Herrera, W. (2013, enero 20). Software libre vs software propietario. Ventajas y desventajas. Software Libre. Recuperado a partir de www.softwarelibre.cl/drupal//files/32693.pdf, consultado 13 de septiembre de 2023

Estepa Nieto, J. (2007, julio). Software libre para el desarrollo del tercer mundo. In Universidad de Granada. Escuela Técnica Superior de Ingeniería Informática y Telecomunicaciones. Recuperado a partir de https://argentina.indymedia.org/./tipos_de_software_y_licencias__claudio_segovia_.pdf, consultado 22 de octubre de 2023

Fábregas Pombo, A. (2013, marzo 22). Informática 2013: software libre y tecnología del siglo XXI. In Cubahora. Recuperado a partir de http://www.cubahora.cu/ciencia-y-tecnologia/informatica-2013-software-libre-y-tecnologia-del-siglo-xxi-fotos, consultado 19 de septiembre de 2023

García Estévez, N. (2018). Origen, evolución y estado actual del activismo digital y su compromiso social. Ciberactivismo, hacktivismo y slacktivismo. Actas del II Congreso Internacional Move.net sobre Movimientos Sociales y TIC, 149. https://idus.us.es/handle/11441/70636

Hackem Research Group. (2011, enero 14). El Proyecto GNU [ONG]. Comunidad de Investigación dedicada al Software Libre y la Seguridad Informática. https://blog.hackem.org/2011/01/el-proyecto-gnu.html

Kerner, S. (2006, agosto 18). LinuxWorld: It'll Make Your Head Spin. In InternetNews. Recuperado a partir de http://www.internetnews.com/dev-news/article.php/3627316/LinuxWorld+Itll+Make+Your+Head+Spin.htm, consultado 17 de marzo de 2019

Lazalde Garcia, J, & Domingo Arnal, M. (2011). 100 hechos que marcaron la historia del software libre. In Introducción al Software Libre. Recuperado a partir de http://cv.uoc.edu/app/blogaula/grc_9386/100-hechos-que-marcaron-la-historia-del-software-libre/, consultado 19 de diciembre de 2023

Luciana Mónica, G. (2010, enero 13). Construcción de «campus virtuales» en Argentina. Recuperado a partir de http://www.revistacts.net/index.php?option=com_content&view=article&id=313:tecnologias-de-informacion-y-comunicacion-universidad-y-territorio-construccion-de-

gcampus-virtualesg-en-argentina&catid=87:tesis&Itemid=80, consultado 21 de diciembre de 2023

Mediateca Rimed. Software libre. (1999, noviembre). Mediateca. Recuperado a partir de mediateca.rimed.cu/getmediafile.php?key=d2c5028d8601c2d30c60, consultado 23 de diciembre de 2023

Medina, F. (2013, enero 23). Software libre en la empresa. Recuperado a partir de http://gnutransfer.com/, consultado 23 de diciembre de 2023

Menchaca, L. (2013, enero 22). Dell Ubuntu Systems launching in Canada and Latin America. Direct2Dell. The Official Dell Corporate Blog. Recuperado a partir de http://en.community.dell.com/dell-blogs/direct2dell/b/direct2dell/archive/2008/02/21/dell-ubuntu-systems-launching-in-canada-and-latin-america.aspx?PageIndex=2, consultado 17 de marzo de 2019

Mochi Alemán, P. (2007, enero 15). El movimiento del software libre. In Universidad Nacional Autónoma de México. Programa de posgrado en ciencias políticas y sociales. Recuperado a partir de http://www.politicas.posgrado.unam.mx/rmcps/185/RMCPYS%20NUM-185.pdf, consultado 19 de diciembre de 2023

Montes de Oca Montano, J. L., & Roque Gutiérrez, M. (2013). Complejo. Entramado social responsable del surgimiento y auge del software libre en el mundo. Revista Conrado [seriada en línea], 9 (39). pp. 85-96. Recuperado de http://conrado.ucf.edu.cu/

Raymond, E. (2013, enero 28). La catedral y el bazar. In Openbiz. Recuperado a partir de www.openbiz.com.ar/La%20Catedral%20y%20El%20Bazar.pdf, consultado 19 de diciembre de 2023

Reina, D. (2013, enero 23). El uso del software libre en las administraciones públicas de la UE. Recuperado a partir de http://www.uoc.edu/in3/dt/esp/reina0705.html, consultado 21 de diciembre de 2023

Revista mundo linux. (2012, October 13). Entrevista con Richard Stallman. In dnangelica. Retrieved January 24, 2023, from http://dnangelica.com/index2.php?option=com_content&do_pdf=1&id=86. (s. f.), consultado 19 de diciembre de 2023

Rodríguez Díaz, A. (1999, noviembre). El retador: Linux. GIGA, 1(6), 27-33. Stallman, R. (2006). Copyleft. Manual de uso (2006o ed.). Madrid: Traficantes de sueños. Recuperado a partir de http://www.unia.es/components/com_booklibrary/ebooks/libro_manualcopyleft.pdf, consultado 21 de marzo de 2019

Usa Software Libre. Historia del Software Libre. (2013, enero 17). In UsaSoftwareLibre. Recuperado a partir de http://usasoftwarelibre.es/historia-software-libre, consultado 17 de junio de 2023

Vidal, M. (2013, enero 20). Cooperación sin mando: una introducción al software libre. BiblioWeb de sin Dominio. Recuperado a partir de http://biblioweb.sindominio.net/telematica/softlibre/, consultado 6 de enero de 2019

Nota del autor: Las Imágenes que encontrará en este ensayo académico disponen de licencia Creative Commons 0 (CC0) y han sido obtenidas en http://Pixabay.com. Las referencias bibliográficas presentes en esta obra se encuentran acotadas según Normas Vancouver.

Author's note: The images that you will find in this academic essay have Creative Commons license 0 (CC0) and have been obtained in http://Pixabay.com. The bibliographical references present in this work are limited according to Vancouver Norms.